Liebe Gä...

Ich wünsche Dir und deiner Familie ein ganz schönes Weihnachtsfest und einen guten Rutsch in's neue Jahr!

Viele Grüße Julia

100 kleine Dinge, die glücklich machen

für
..... Gaby .....

von
..... Julia .....

GROH

Ein unverhofftes *Kompliment.*

Ein *Wunsch,* der sich erfüllt.

Das Gefühl, auf dem *richtigen* Weg zu sein.

 Eine neue *Blüte* am Kaktus.

Ein *gutes* Buch zum
zweiten Mal lesen.

Das Gefühl, sich *verliebt* zu haben.

Vogelgezwitscher am Morgen.

Den *früheren*
Zug zu erwischen.

Bei *offenem* Fenster zu schlafen.

Der Anblick eines
    Mohnblumenfeldes.

Ein *frisch* bezogenes Bett.

Endlich
aufgeräumt zu haben.

Eine *spontane*
Einladung zum Kaffee.

Ein *Lächeln* auf der Straße.

Der Geschmack von Schokolade.

Verschneite Bäume in der Sonne.

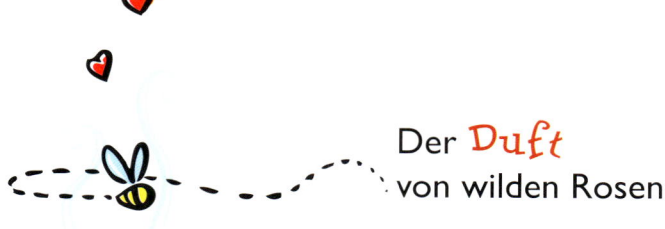

Der *Duft* von wilden Rosen.

Ein *neues Kleid* zum ersten Mal anzuziehen.

Ein *Familienkochbuch* zusammenzustellen.

Fünfzig *Euro* von Tante Gisela.

Richtig *feiern*,
ohne auf die Uhr zu schauen.

Ein bisschen Reisefieber
vor der Urlaubsfahrt.

Jemandem helfen zu können.

Eine Kiste voll
schöner
Erinnerungen.

Eine Kuscheldecke
in der Lieblingsfarbe.

Die Frage
"Wie geht es dir?"

Vorfreude auf das Wochenende.

Ein Picknick auf einer
Sommerwiese.

Eine *nette* Nachricht auf dem Anrufbeantworter.

Ein *aufrichtiges* Dankeschön.

Die erste *frostfreie* Nacht nach einem kalten Winter.

Gute Freunde zu haben.

Zu einer Hochzeit eingeladen zu sein.

Wenn sich etwas Schwieriges als ganz *einfach* erweist.

Beim Bäcker mit Namen *begrüßt* zu werden.

Die bunten *Lichter* einer Stadt.

Ein Spaziergang bei *herrlichem* Wetter.

Richtig *ausgeschlafen* zu haben.

Ein *kluger* Plan.

Einen ganzen Tag *ohne Verpflichtungen* vor sich zu haben.

Mit einem *Geschenk* ins Schwarze getroffen zu haben.

Einen *Gesichtsausdruck* richtig zu deuten.

Ein echtes *Vorbild* zu haben.

Das Gefühl, sein Tagwerk *erledigt* zu haben.

Ein *netter Plausch* mit einem Unbekannten.

Ein Sonnenuntergang am Meer.

Zu *beobachten*, wie die
Wolken ihre Form ändern.

Bis zum *Horizont*
blicken zu können.

Doch noch einen *Schirm*
in der Tasche zu haben.

Eine SMS mit dem Text
„*Ich mag dich*".

Ein Batterie, die
besonders lange hält.

Einen *Sommerregen*
auf der Straße erleben.

Zu *beobachten,*

wie Kinder die Welt *entdecken.*

Darüber zu lachen,
wie man früher aussah.

Einen Tag Ski zu fahren.

Eine angenehme Begegnung.

Eine **nette** Schwiegermutter zu haben.

Ein **schönes** Gedicht
auswendig zu können.

Eine Fußmatte,
die dich **willkommen** heißt.

Eine *kleine Katze* zu füttern.

Einen Brief mit einem *Kuss* zu versiegeln.

Das Zimmer *umzuräumen.*

Ein Kreuzworträtsel *gelöst* zu haben.

Eine Probefahrt mit einem *schicken* Cabrio.

Ein *wirklich gutes* Nudelrezept.

Unter der Dusche zu singen.

Blumen geschenkt zu bekommen – einfach so.

Alte Fotoalben zu durchstöbern.

Gemüse schneiden zu können wie ein Profi.

Frische Wäsche in den Schrank zu räumen.

Einem Kind eine
Gutenachtgeschichte
vorzulesen.

Ein Anruf
von einem *lieben* Freund.

Kinderlachen.

Doch *keine* Erkältung
zu bekommen.

Sich doch noch
entschuldigt zu haben.

Eine *bewegende* Geschichte.

Der *Moment* des Einschlafens.

Ein altes Familienerbstück zu besitzen.

Eine zufällige Entdeckung.

Die *richtige* Richtung zu kennen.

Im Schlafanzug zu *frühstücken.*

Humor im rechten Moment.

Ein *sternenübersäter* Himmel in der Nacht.

Ein Tooooor der
eigenen Mannschaft.

Doch noch einen Parkplatz
zu finden.

Ein liebes Wort.

Zu wissen, dass *weniger mehr* ist.

Jemandem
etwas beizubringen.

Das Lieblingslied im Radio.

Vor allen anderen aufzustehen.

Ein guter Vorsatz.

An einem *heißen Tag* eine *alte Kirche* zu besichtigen.

Eine neue Handtasche, die *schön* und *praktisch* ist.

Eine Libelle zu beobachten.

Zu wissen,
dass jemand
auf einen wartet.

Nach einem Regenbogen
Ausschau zu halten.

Das Gefühl, einen Freund schon *ewig* zu *kennen.*

Die *Gewissheit*, dass der heutige Tag *gelingen* wird.

Die kleine Sammlung

In dieser Reihe sind erschienen:

**100 Kleinigkeiten,
die ich an dir liebe**
ISBN: 978-3-89008-336-0

**100 kleine Gründe,
das Leben zu genießen**
ISBN: 978-3-89008-339-1

**100 kleine Dinge,
die glücklich machen**
ISBN: 978-3-89008-338-4

100 kleine Wünsche für dich
ISBN: 978-3-89008-337-7

Idee und Konzept:
Groh Verlag GmbH & Co. KG.
Das Werk einschließlich seiner Teile ist urheberrechtlich geschützt. Jede Verwendung außerhalb der engen Grenzen des Urheberrechtsgesetzes ist ohne Zustimmung des Verlages unzulässig und strafbar. Das gilt insbesondere für Kopien, Einspeicherung und Verarbeitung in elektronischen Systemen.

Illustrationen
Peter Lütke-Wissing
Text
Tine Sander

ISBN 978-3-89008-338-4
© 2007 Groh Verlag Gmbh & Co. KG
www.groh.de

0670013-4253-01

Ein Lächeln schenken

Geschenke sollen ein Lächeln auf Gesichter zaubern und die Welt für einen Moment zum Stehen bringen. Für diesen Augenblick entwickeln wir mit viel Liebe immer neue GROH-Geschenke, die berühren.

In ihrer großen Themenvielfalt und der besonderen Verbindung von Sprache und Bild bewahren sie etwas sehr Persönliches.

Den Menschen Freude zu bereiten und ein Lächeln zu schenken, das ist unser Ziel seit 1928.

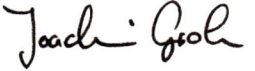

Ihr

Joachim Groh

GROH